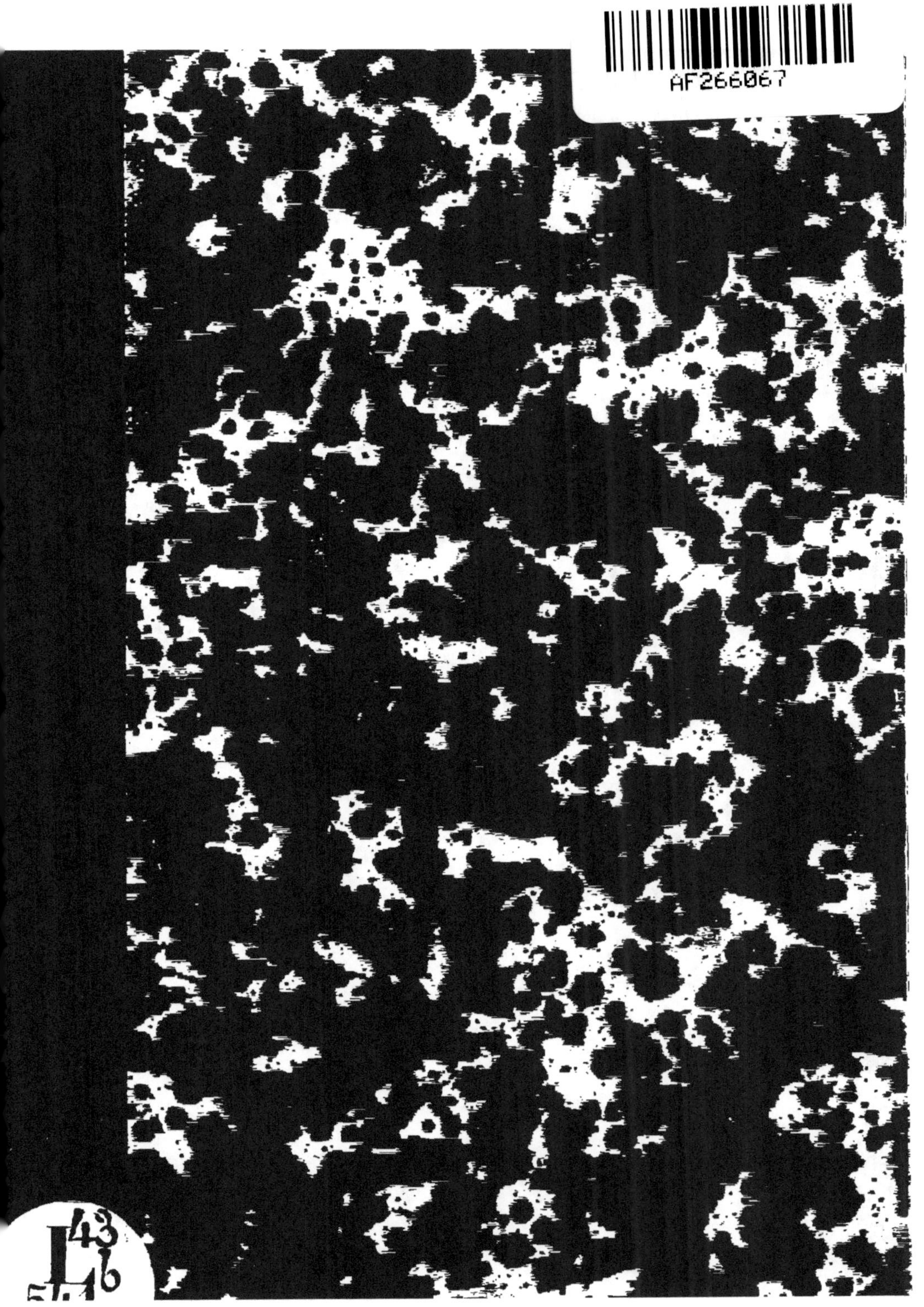

LE

GRAND HOMME.

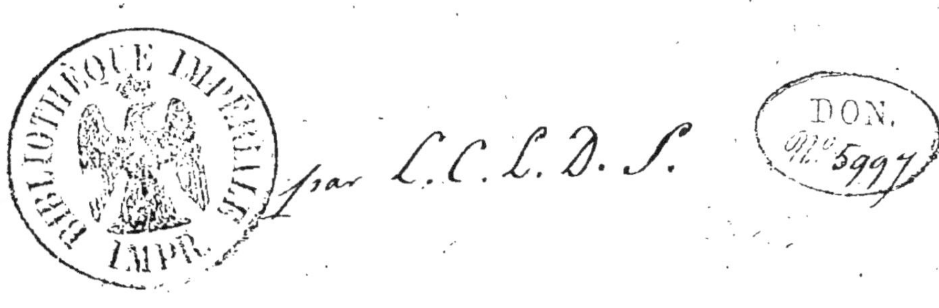

par L. C. L. D. S.

A LONDRES:

DE L'IMPRIMERIE DE W. ET C. SPILSBURY, SNOW-HILL.

SE VEND CHEZ MACHELL STACE, PRINCES-STREET, LEICESTER SQUARE.

1800.

L E

GRAND HOMME.

QUAND un préjugé qui n'est fondé
sur aucune bonne raison, et qui peut avoir
des suites funestes, commence à s'établir,
il est du devoir de tout honnête homme,
de chercher à le déraciner dès son premier
principe. Il en est ainsi de la réputation de
cet aventurier Corse, qu'une adroite fourberie
et une fortune plus constante qu'elle ne l'est
ordinairement, ont rendu le Despote de cette
nation aussi légère que cruelle, qui, vou-
lant se procurer une liberté imaginaire dont
elle n'a connu que le fantôme, est enfin
parvenue, par une succession de crimes, à

se plonger dans un esclavage sans exemple, même chez les peuples les plus barbares.

Le bonheur de Bonaparte le rend actuellement l'objet de l'admiration d'une foule de personnes qui n'apperçoivent que le point où il est arrivé, sans examiner ses moyens, les circonstances dans lesquelles il s'est trouvé, et le plus ou le moins de probabilité de la continuation du règne de ce Roi de Théâtre.

En moins de trois ans, nous avons vu cet Usurpateur, dont l'entrée dans le monde s'est prononcée par un acte d'ingratitude envers les descendans de ce vertueux Souverain qui l'avoit fait élever à ses fraix, obtenir, à un prix infâme, le commandement de l'armée Françoise, et recevoir de la part du vulgaire ignorant les titres de Héros, de grand Général, et de grand Négociateur. La flatterie républicaine vient d'introduire pour lui la dénomination de Grand Consul;

et ses admirateurs insensés osent lui décerner celle de *grand homme*. Il me semble que tous ceux qui ont suivi l'horrible révolution depuis son commencement, et au milieu des scènes de forfaits dans lesquels le *grand Bonaparte* a joué un rôle plus ou moins important, tel que celui de bourreau aux Thuileries, ou de complaisant de Barras, peuvent difficilement se persuader que le *Grand Consul* soit un grand homme. Je ne vois rien de *grand* dans lui que sa fortune.—*Audaces fortuna juvat.* Voilà la clef des succès du prétendu héros du jour. Dix années de révolution et de guerre nous ont montré en France quelques orateurs et intrigans habiles déjoués par l'atrocité prononcée du caractère de Robespierre ; chez les ennemis de la France, beaucoup de Généraux célèbres dont la valeur et la science ont souvent échoué devant des chefs sans expérience, et seulement entreprenans et heureux; mais le *grand homme* n'a point paru. Bonaparte, né de parens peu illustres, fut élevé à l'école militaire par les bontés de Louis XVI, contre la cause duquel il s'arma. Je ne parlerai point de ses premiers crimes; et je passerai même sous silence la manière dont il fit tirer à mitrailles sur ce peuple de Paris qui, dans sa simplicité, le croit son bienfaiteur.

Son immoralité et son peu de délicatesse lui ayant fait accepter le commandement que Barras lui fit acheter à une condition bien honteuse pour un homme d'honneur, il ne tarda pas à voir qu'il se trouvoit à la tête d'une armée dénuée de tout; et qu'en entrant en Italie, il n'avoit que l'alternative d'y périr de misère avec toute sa troupe, ou de tâcher de s'y maintenir par la rapine et le brigandage. Voilà donc le *grand homme* qui débute dans sa carrière de gloire par être un chef de brigands. Ce rôle honorable lui fut singulièrement facilité dans son exécution par la conduite perfide des Gênois, qui auront à jamais à se reprocher d'avoir ouvert les portes de ce beau pays à ceux qui n'y venoient que dans l'intention de le ruiner et de l'abîmer. La foiblesse des différentes Puissances de l'Italie ; le peu d'union qui régnoit entre elles ; la terreur panique qui s'en empara en voyant avancer aussi rapidement le brigand heureux, auquel on faisoit l'honneur bien peu mérité de le comparer à Attila, dont il n'a eu que la cruauté, sans en avoir l'énergie et le respect pour le représentant du Très-haut (*) ; l'infériorité du nombre de troupes que l'on pouvoit opposer à une armée que les succès

---

(*) Que ceux qui ont lu l'histoire comparent la conduite d'Attila envers le Pape Léon *, celle d'Alexandre le Grand envers le grand prêtre des Juifs, avec celle de Bonaparte envers le vertueux Pie VI, et qu'ils jugent !

grossissoient de tout le rebut des nations, qui se joignoit aux étendarts de celui qui leur enseignoit l'art de ne respecter aucune propriété et d'abjurer tout principe ; peut-être même quelques défauts de jugement, ou de mesures de la part des Généraux qui commandoient ces excellentes armées, dont la valeur et la fidélité sont démeurées à l'épreuve de 12 années de guerres entremê-lées de bien de revers ; enfin les talens du Général Berthier, qui a dirigé toute cette campagne ; expliquent les conquêtes du *grand homme* en Italie. Il n'y a eu d'autre mérite personnel, que de ne point déserter ses drapeaux, comme il a fait depuis en Egypte, et de prêcher d'exemple, quand il étoit question de pillage ou de profanation.

La manière dont Bonaparte en a agi successivement envers le Grand Duc de Toscane, le Roi de Sardaigne, et le Souverain Pontife ; les traités honteux auxquels il les a forcés de souscrire, et qu'il a ensuite été le premier à violer ; la barbarie, sans exemple dans l'histoire du monde, avec laquelle, en dépit de toute espèce de droit des gens, il a livré, ou ce qui revient au même, permis qu'on livrât aux Espagnols les braves et infortunés guerriers Autrichiens que le sort des combats avoit fait tomber en sa puissance, (*) sont d'autres traits du caractère de l'objet méprisable du respect de la sottise et de la foiblesse.

(*) Ces malheureux prisonniers furent en effet vendus ou donnés aux Espagnols, qui les destinoient à travailler aux mines. Ils ont presque tous été repris, avec les vaisseaux ennemis à bord desquels ils se trouvoient, par Lord St. Vincent ; ils ont servi avec distinction dans sa flotte tant qu'elle a été en mer ; et à mesure qu'ils arrivent dans un port d'Angleterre, le Ministre Impérial les réclame ; et le Gouvernment Britannique, avec une générosité bien digne du Souverain et de la nation qui lui confient leurs intérêts, non-seulement les rend immédiatement, mais leur procure en outre toutes les facilités qui sont en son pouvoir pour re-joindre leurs corps.

Tous les militaires expérimentés s'accordent à trouver que rien ne dénote plus le manque de prévoyance que la pointe que Bonaparte fit vers Vienne en 1797. Il s'exposoit au plus grand danger, si son ennemi avoit fait une résistance un peu plus longue, et sa perte étoit inévitable. La manière précipitée dont il s'est hâté de figner les préliminaires de Léoben semble démontrer l'embarras réel qu'il éprouvoit, et l'envie pu'il avoit de se tirer d'un mauvais pas, tandis que sa République et une partie de l'Europe lui faisoient l'honneur de croire qu'il dictoit ses loix à un ennemi vaincu. Il est probable que cet ennemi auroit pu jouer dans cette occasion un rôle beaucoup plus brillant que celui du *grand homme,* s'il avoit été informé à tems de la situation critique dans laquelle on assure qu'il s'étoit plongé contre l'avis de Berthier, et dont il paroît que son *grand* bonheur l'a plus tiré que son *grand* génie.

Le Traité de Campo Formio, qu'il a honoré de son nom, et par lequel il renversoit une partie de ce qu'il avoit signé à Léoben, donne la mesure de ses talens politiques. Il paroît qu'il ne s'y est essentiellement occupé que de l'établissement de sa Cisalpine, seul rejetton que nous ayons jusqu'à présent du Grand Consul (*). Dès cette époque il eût pu jouer un autre rôle que celui auquel le défaut de ses moyens personnels ou sa timidité d'esprit l'a forcé de se soumettre depuis, en devenant le jouet des factions qui agitoient la France, et se laissant envoyer en Egypte, où il devoit trouver une mort certaine, et la fin de cette réputation que son bonheur

____

(*) On sait que la fille de Madame Bonaparte n'est pas celle de son mari ; on sait aussi que le héros n'ignoroit pas, en épousant Madame de Beauharnois, que son ami Barras lui faisoit un double présent.

constant lui avoit établie (*). Bonaparte se trouvoit alors à la tête d'une armée considérable et victorieuse, presqu'entièrement composeé d'étrangers, exclusivement dévouée à sa personne, et hors de la portée

---

(*) Je ne crois pas que les enthousiastes les plus prononcés de cet heureux aventurier osent avancer qu'il songeoit dès-lors à devenir le despote de la France. Il n'y avoit dans ce moment aucune chance en sa faveur ; et la moindre idée d'ambition eût été sévèrement punie : son envoi en Egypte ne fut qu'une manière adroite de se défaire d'un homme qui devenoit à craindre, et qui paroissoit avoir rendu trop de services à l'Etat pour le faire disparoître sans prétexte. On ne dira point non plus que du fond de son exil le grand génie de Bonaparte ourdissoit la trame de la révolution qui l'a placée sur le trône ; on sait qu'il fut pendant très longtems privé de toute correspondance avec le Continent, au point d'ignorer absolument les événemens qui s'y passoient. C'est l'Abbé Siéyès seul, qui dans son cabinet, à Paris comme à Berlin, préparoit depuis long-tems la crise à laquelle Bonaparte doit son élévation gigantesque. Siéyès étoit lui-même indécis sur le choix de celui qu'il mettroit en avant pour jouer sous lui le rôle de Premier Consul ; il lui falloit un militaire qui en imposât aux troupes, et qui en eût la confiance. La qualité d'étranger, et son absence de deux ans, lui firent préférer Bonaparte, qui ne tarda pas à le payer d'ingratitude. La ruse et le bonheur habituel du petit Corse ont fait le reste.

de la vengeance républicaine. Que de don-
nées pour un homme qui eût eu de grandes
vues, soit qu'elles eussent été dirigées vers
le bien général, ou qu'elles n'eussent eu
pour but que son intérêt particulier ! !

Les discussions survenues au sujet des
préliminaires de Léoben, amenèrent successivement le Traité de Campo Formio, les
conférences secrètes de Seltz, et enfin l'inutile
Congrès de Rastadt. Le prétendu Héros de
l'Italie, après s'être empressé de mettre son
nom au bas des deux premières transactions,
qui certainement ne le placent point au rang des
Négociateurs dont l'Europe se rappelle avec
respect et reconnoissance, s'apperçut bientôt
qu'une balance politique, imaginée à la hâte
par un Corse et un Napolitain, ne pouvoit
convenir ni à l'Empire Germanique, ni à
l'Italie, que le collègue diplomatique de
Bonaparte paroissoit avoir entièrement sa-
crifiée, ni à la France même ; et sut se

soustraire aux embarras inextricables que,
son défaut de jugement lui avoit préparés, en
ne faisant qu'une apparition momentanée
sur les trétaux de Rastadt, et en envoyant à
sa place un poëte révolutionnaire au rendez-
vous secret où le véritable sort de l'Europe
devoit se prononcer. Ce fut à cette époque
que l'expédition extravagante de l'Egypte
fut décidée. Le *grand homme*, toujours
guidé par *son bon sens*, donna en plein dans
cette chimère (*). Ses proclamations pleines
de rodomontades, ses premiers rapports
officiels, ses lettres mêmes, prouvent les
espérances qu'il entretenoit. La conquête,
aussi prompte qu'aisée, de l'Isle de Malthe,
livrée par la lâcheté ou la perfidie des Che-

(*) Il avoit également adopté, peu de tems auparavant, celle
de faire une descente en Angleterre : il se flattoit sérieuse-
ment d'y réussir ; et si des vues plus vastes n'avoient pas mo-
mentanément détourné son attention d'un projet aussi fa-
cile, il se seroit reposé de ses travaux précédens, en ajoutant
la conquête de la Grande Bretagne à ses autres exploits.

valiers qui la défendoient, acheva de tourner la tête à Bonaparte déjà bouffi de fausse gloire, et enivré de sa réputation usurpée : attribuant désormais lui-même tout à son génie, il crut qu'il lui suffisoit d'entreprendre pour être assuré du succès ; et la superbe victoire d'Aboukir, dont l'immortel Nelson le rendit le témoin honteux, ne fit qu'augmenter sa rage, sans diminuer ses espérances. Il ne sut s'en venger qu'en déchirant la mémoire de l'Amiral François, qui n'avoit agi que par ses ordres, et qui en est devenu la victime (*).

La suite de la campagne de Bonaparte en Egypte, est encore trop présente à la mé-

----

(*) On saitque Bonaparte avoit forcé Brueys, malgré toutes ses représentations, de rester dans la baye ; il est vrai qu'il falloit le courage entreprenant et le talent de l'Admiral Anglois pour oser y attaquer et savoir détruire la flotte ennemie. Toute l'histoire de la Révolution n'offre point un homme semblable à Nelson, ni un fait de guerre comme celui d'Aboukir.

moire de tout le monde, pour que j'en re-
trace les détails. Je doute qu'on puisse y
découvrir la moindre preuve de ce grand
génie militaire qu'on lui attribue : il est vrai,
qu'à l'exception de quelques hordes éparses
de brigands, qui vinrent se joindre à elle,
l'armée Françoise, en dépit des promesses
aussi coupables que romanesques dont ses
chefs l'avoient leurré, en l'engageant dans
cette expédition insensée, ne trouva que résistance et difficultés par-tout où elle se
présenta : la misère et la famine la plus
affreuse sont peut-être les moindres maux
qu'elle ait éprouvés ; et si jamais quel-
ques-unes de ces malheureuses victimes dé-
vouées à une mort certaine par le projet
chimérique du Directoire et du Don Qui-
chotte qu'il avoit choisi pour le réaliser, re-
voient le lieu de leur naissance, elles le de-
vront à la constance et à la conduite du

Géneral

Général étranger (*), qui a continué à s'oc-
cuper de leur conservation, quand les talens
de Berthier eurent échoué dans le but qu'il
s'étoit proposé, et que le desir de sauver sa
réputation l'eut engagé à imiter Bonaparte
dans sa lâche désertion. Cette campagne
d'Egypte nous fournit une nouvelle occasion
d'apprécier le prétendu *grand homme*. Hypocrite infâme, Ali Bonaparte déclare que
les François, dont il est le Chef, sont les seuls
Musulmans, les alliés des Turcs, et les
ennemis des Chrétiens (†). Cette proclamation amicale est bientôt suivie des cruautés
les plus atroces ; et le monstre qui s'étoit

(*) Kleber, Allemand de naissance : il a servi autrefois
dans les troupes Autrichiennes. Le desir de se procurer un
avancement plus rapide l'a porté à suivre les drapeaux répu-
blicains, où il a déployé dans toutes les occasions la plus grande
connoissance militaire.

(†) C'est ce même bon Mahométan qui a fait chanter depuis le Te Deum à Milan, en honneur de la bataille de Marengo, que Dessaix a gagnée quand il la croyoit perdue.

C

baigné aux Thuileries dans le sang du Peuple qui l'avoit dès-lors adopté pour un de ses concitoyens, n'hésite point à faire massacrer de sang-froid et sans nécessité des milliers de victimes à Alexandrie et au Caire (*). Ne tardant pas ensuite à trouver dans Sir Sidney Smith un antagoniste aussi audacieux mais plus habile que lui, qui fait échouer toutes ses entreprises, il ajoute encore, en abandonnant lâchement son armée dans le moment où elle devoit avoir le plus besoin de lui, la qualité de déserteur aux vertus dont il avoit jusqu'alors donné les leçons et l'exemple au monde.

Qu'on compare César, passant seul le Rubicon, pour aller chercher de nouveaux dangers, avec le *grand Consul*, accompagné

(*) Qu'on lise l'histoire de ces derniers tems, et les rapports du Général lui-même, et l'on y trouvera la preuve de ce que j'avance.

des Généraux dont les talens et les conseils lui sont indispensables, fuyant en Europe dans un petit bâtiment, et abandonnant son armée qui avoit tout sacrifié pour le suivre, dans l'état le plus déplorable, à la fureur des Ottomans, à la vérité inférieurs en talens, mais supérieurs en nombre, et activés par le génie infatigable du brave Chevalier Smith ; et qu'on décide qui des deux étoit digne de commander au monde, et lequel peut être honoré du nom de grand homme !

A son arrivée à Paris, Bonaparte trouva une révolution préparée de longue main par un intrigant plus adroit que lui (*) : celui-ci crut se servir de notre aventurier comme d'un instrument ; mais il fut lui-même la dupe du Consul, qui, aidé de ses amis, s'em-

______

(*) L'Abbé Siéyès, qui, depuis le commencement de la révolution, quoique toujours caché derrière le rideau, n'en a pas moins dirigé bien des événemens importans.

para du premier rôle, et détruisît bientôt tout le pouvoir de Siéyès. Ce qui se passa à St. Cloud et assura le pouvoir momentané de Bonaparte, est encore l'ouvrage d'un autre ; c'est à son frère qu'il en dut le succès : et quoique cette mesure ne fut qu'une foible imitation de celle dont Cromwell avoit donné l'exemple, il ne l'eût pas osé par lui-même. Je ne m'étendrai point sur le peu d'événemens encore très-récens du règne de l'Usurpateur : les supplices de M. de Frotté, du jeune de Toustain, et de plusieurs autres victimes infortunées, ont prouvé à l'Europe que le bourreau des Thuileries n'a point encore changé d'ame, et devroient, ce me semble, servir de leçons aux honnêtes Royalistes, qu'il croit actuellement de son intérêt de flatter et d'attirer en France, en empruntant le masque d'une fausse humanité ; mais qu'il ne tardera pas à immoler du moment où il jugera leur existence inutile à ses projets (*).

Le Premier Consul est à peine assis sur le trône du crime, que sa vanité lui inspire d'en donner part à tous les Souverains légitimes, dont il se trouve déjà l'égal. Il se

---

(*) Je frémis en effet en voyant la quantité d'émigrés qui, séduits par l'affectation, le langage modéré du Premier Consul, rentrent en France à l'envi l'un de l'autre. Ces victimes respectables de leur devoir et de leur attachement pour leur Roi, veulent, la plupart, essayer de recouvrer leur fortune, pour en faire de nouveau l'hommage à leur Souverain : d'autres espèrent pouvoir travailler plus efficacement, en France même, à son rétablissement. J'oserois assurer qu'il y en a peu (malgré la calomnie qui les poursuit) qui soient animés d'un autre motif : l'innocent ne connoît point de défiance ; et jugeant des autres d'après leur propre cœur, leur desir et cette légèreté qu'on reproche à toute leur nation, ils ne voient plus dans Bonaparte le successeur des Marats, des Robespierre, des Barrères, &c. et il y en a même qui se flattent d'espérer de trouver en lui un second Monk, dont ils croient qu'il nourrit secrètement les sentimens. Grand Dieu ! son cœur est aussi différent de celui de ce vertueux restaurateur de la Monarchie Angloise que son petit esprit de ruse et d'intrigue est au-dessous du génie de Cromwell !

sert à cet effet du prétexte de son desir de rendre la paix à l'Europe, pour en parler en termes vagues, en annonçant son élévation aux Empereurs d'Allemagne, de Russie, et aux Rois de la Grande Bretagne & de Prusse. J'ignore la réponse qui lui a été faite de la part de ce dernier Souverain, qui croit depuis long-tems de son intérêt politique de ménager la France ; mais on ne peut qu'admirer la manière dont les trois autres ont reçu les ouvertures remplies de vent, et vuides de sens, du parvenu. Il faut, ce me semble, avoir bien peu suivi le fil de la révolution, en ignorer absolument les dangers, et fermer de propos délibéré les yeux sur ceux qui existent encore, et qui redoubleront jusqu'au moment du bouleversement total de l'Europe, si on ne donne point au monde l'exemple nécessaire du rétablissement de l'ordre dans la restauration de la Monarchie Françoise dans la personne de Louis XVIII, pour se permettre de blâmer la réponse du Ministère Anglois aux avances insolentes du petit Corse couronné, peut-être plus dangereux que la soi-disante République anéantie qu'il représente. Il est seulement à regretter que toutes les Puissances n'aient point adopté plutôt un langage aussi digne d'elles que nécessaire vis-à-vis de l'ennemi direct de leur existence.

Il en est néanmoins tems encore ; il ne s'agit que d'exprimer ouvertement, et avec cette noble hardiesse dont un grand Souverain ne devroit jamais se départir, le but pour lequel on fait la guerre. L'Autriche et l'Angleterre n'en ont jamais eu d'autres que celui d'arrêter les progrès de l'anarchie ; c'est dans cette vue qu'elles ont fait les plus grands sacrifices en hommes et en argent, sans jamais s'en laisser imposer par le pouvoir gigantesque de la coupable République, ni permettre qu'elle les leurrât de ses offres perfides. Ces deux Puissances sont les seules qui aient prouvé par le fait, qu'elles connoissoient la profondeur de l'abîme du systéme révolutionnaire. La Russie, à la vérité, avoit commencé à donner un bien bel exemple, en articulant le grand principe ; mais elle n'a malheureusement pas tardé à se prévaloir de sa propre déclaration, pour retirer son secours puissant de la Coalition. Les projets d'ambition et d'aggrandissement qu'on prêtoit à l'Autriche, les reproches qu'on fait à l'Angleterre, au sujet de la fierté de sa conduite sur l'élément dont elle possède l'empire, ne sont que des prétextes imaginés par leurs ennemis, qui servent bien efficacement la cause de la France, en contrecarrant ainsi les mesures de ceux qui osent encore résister à ce colosse destructeur.

Quoi qu'il en soit, au point où les choses en sont venues, peut-être qu'une proclamation noble, courte et précise, qui n'annonceroit aux François que la ferme détermination de les repousser dans leurs anciens limites, et de rétablir leur Roi, produiroit l'effet desiré. Il est même possible que les autres Puissances, auxquelles elle ôteroit l'excuse de toute chicane évasive, trouveroient que le parti le plus sûr seroit d'y accéder. Que coûte-t-il d'essayer cette mesure qu'on a négligée jusqu'à présent, qui n'engage point à l'impossible, qu'on doit aux infortunés Bourbons, et qu'on se doit certainement à soi-même, avant de se résigner à signer définitivement avec la République ou son Consul une paix qui deviendra indubitablement l'arrêt de destruction du monde, en plongeant les Gouvernemens dans une fausse sécurité, et dans le sommeil léthargique de la mort ?

Après cette digression que l'importance du sujet ne m'a point permis de passer sous silence, je reviens aux derniers événemens de l'histoire du Grand Consul. Effrayé, d'une part, des progrès rapides des armées Autrichiennes, et comptant de l'autre sur ce bonheur particulier qui ne l'a point abandonné jusqu'à présent, Bonaparte passe en Italie ; mais n'agissant jamais par lui-même, quand il est question de concevoir ou de réaliser des plans, il nomme Berthier Général de l'Armée de Réserve, destinée à réparer les désastres éprouvés par Massena et Suchet, et s'y rend avec tout le faste d'un Soudan ; prêt à revenir en France, dans le cas très-probable d'un revers dont il évitoit ainsi le reproche, ou à se parer dans le succès des lauriers moissonnés par les autres.

La Bataille de Marengo, aussi extraordinaire dans ses détails que dans ses suites, offre encore un nouveau trait du caractère de

Bonaparte. Cette journée mémorable, dispu-
tée avec acharnement, finissoit entièrement
en faveur des Autrichiens. Berthier faisoit
sonner la retraite; et le génie du héros Corse
ne lui laissoit d'autre ressource que le dé-
sespoir, quand le Général Dessaix, animé
d'un de ces mouvemens d'inspiration militaire qu'on est forcé d'admirer même dans
ses ennemis, apperçoit une colonne Autri-
chienne trop étendue, y voit du jour, y pé-
nètre avec 250 cavaliers, la fait plier, donne
par son généreux dévouement, dont il est
lui-même la victime, le tems à l'armée
Françoise de se rallier, et décide la victoire
dont Bonaparte ne rougit point de se faire
attribuer l'honneur, et dont cet homme,
aussi hypocrite qu'impie, ose affecter de re-
mercier le Très-Haut dans l'église cathé-
drale de Milan.

Puisse cet exposé aussi court qu'impar-
tial de la vie militaire et politique d'un

homme qui doit tout à la fortune, dessiller les yeux de ses enthousiastes aveuglés ! Sir Sidney Smith lui a prouvé, qu'il n'étoit pas invincible ; et quand on analyse avec atten-tion l'histoire de la grandeur et de l'éléva-tion de Bonaparte,

> Le masque tombe, l'homme reste,
> Et le héros s'évanouit.
>
> Quel est donc le héros solide
> Dont la gloire ne soit qu'à lui ?
> C'est un Roi que l'équité guide,
> Et dont les vertus sont l'appui ;
> Qui, prenant Titus pour modèle,
> Du bonheur d'un peuple fidèle
> Fait le plus cher de ses souhaits ;
> Qui fuit la basse flatterie ;
> Et qui, père de la patrie,
> Compte ses jours par ses bienfaits.
>
> Rousseau.

Où est l'Anglois assez injuste, et le Fran-çois assez peu reconnoissant des bienfaits qu'il a éprouvés dans une terre étrangère, pour ne pas faire avec empressement l'application de ces vers ? (*)

(*) Il semble qu'on ne peut également s'empêcher de réconnoître l'allié le plus fidèle de George III, dans les vers suivans :

> L'effort d'une vertu commune
> Suffit pour faire un conquérant :
> Celui qui dompte la fortune
> Mérite seul le nom de grand.
> Il perd sa volage assistance,
> Sans rien perdre de la constance
> Dont il vit ses honneurs accrus :
> Et sa grande ame ne s'altère
> Ni des triomphes de Tibère,
> Ni des disgraces de Varus.

F I N.

A Londres : De l'Imprimerie de W. & C. Spilfbury, Snowhill.

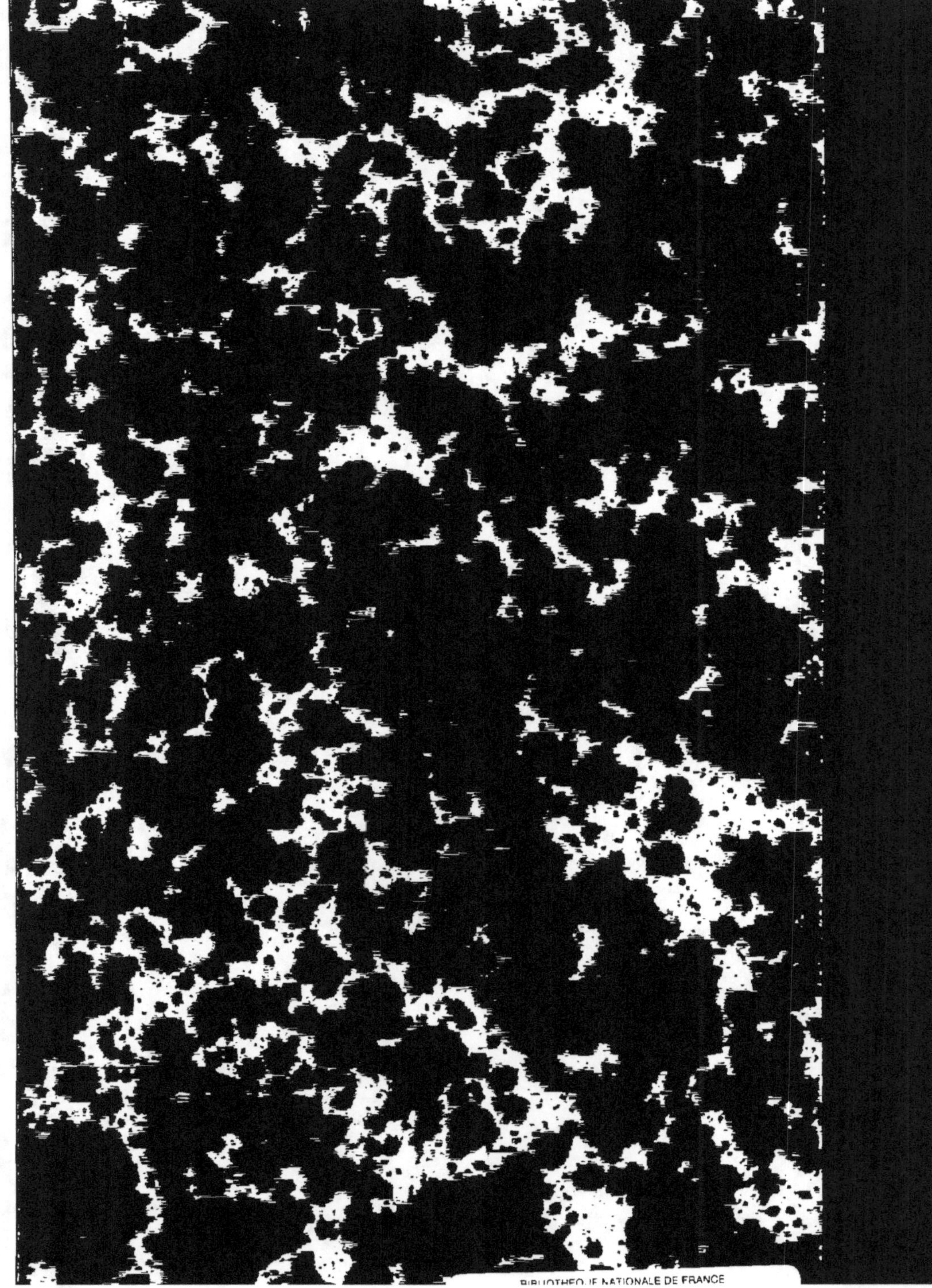